OLiVER B.

LEBENSFORM

Philosophische Gedichte und Aphorismen

Oliver Buss
Lebensform
Philosophische Gedichte
und Aphorismen

Bibliografische Information
Der Deutschen Bibliothek:
Die Deutsche Bibliothek
verzeichnet diese Publikation
in der Deutschen Nationalgalerie;
detaillierte bibliografische Daten sind im Internet
über •http//dnb.ddb.de• abrufbar

Herstellung: Books on Demand GmbH, Norderstedt.
ISBN-3-8330-0254-9

Oliver Buss
2003
Hamburg

o.b.space@web.de

INHALT

PROLOG

Die Möglichkeit des Menschseins aushalten

EGOTIONEN

AUSSTELLUNG

Ich irre durch die Gänge meiner Galerie

Überall Bilder eigener Vorstellung

gemalt mit den Farben der Träume

Den Ausgang fand ich nie –

sind einfach viel zu viele Räume

WAHRNEHMUNG

Ich nehme

Ich nehme wahr

Ich nehme die Wahrheit

Ich nehme mir die Wahrheit.

ERWARTUNGEN DES LEBENS

Ich habe nicht die Lebenserwartung eines Steines

doch ich soll Geduld haben.

Ich habe nicht die Lebenserwartung des Wassers

doch ich soll fließen.

Ich habe nicht die Lebenserwartung des Windes

doch ich soll leicht sein.

Ich habe die Lebenserwartung eines Menschen

doch ich darf nicht Mensch sein.

ARRAGEMENT

Mein Leben ist mir irgendwann entschwunden

Das Jetzt ist nicht mehr wahr

Die Furcht dreht bedrohlich ihre Runden

Und die Seele macht sich rar

Geleitet von den Trieben

Welche die Wahrheit oft verdecken

Werden Gefühle so verschwiegen

Um die Zartheit zu verstecken

So wird die Existenz schnell schizophren

Geteiltes Leid wird potenziert

Ich kann mich selbst dann nicht mehr sehen

Von der Angst gut arrangiert

NAHRUNG

Wo ist die vermißte Nähe

Die ich seit Kindertagen so erflehe

Noch niemals hab ich sie gefunden

War doch immer schon durch Angst gebunden

MEERESBLICK

Was mache ich – was will ich finden

Welchen Sinn macht dieser Weg ?

Will mich mit mir nicht wirklich binden

Doch das Einlassen ist der Steg

Hinaus geht er auf's offene Meer

Keine Sicherheit vernebelt meinen Blick

Doch der Schritt fällt mir so schwer

Ständig – drängt es mich zurrück

S I C H T W E I S E N

Du verstehst nichts.

Kannst du nicht sehen ?

Du verstehst nichts.

Willst du nicht sehen ?

Gibt es noch etwas außerhalb deiner Welt ?

Du ignoranter Egoist !

Wen meine ich jetzt ?

Dich oder mich ?

ÜBERMÜDET

Ich bin müde
Keine Erwartungen mehr

Ich bin müde
Keine Träume mehr

Ich bin müde
Keine Hoffnung mehr

Ich bin müde
Keinen Kampf mehr

Ich bin müde
Kein Verlangen mehr

Ich bin müde
Kein Gefühl mehr

Ich bin müde –
sogar um zu vergessen.

MOMENTAUFNAHME

Ich rauche –
um mich zu beherrschen

Ich trinke –
um mich zu erinnern

Und dazwischen –
versuche ich zu sein

REIZ DER LIEBE

AUSZUG

Man trifft sich und wird angezogen –
wo man sich doch eigentlich ausziehen sollte.

MACHO

Glaub ja nicht – dass ich dich begehre

Du bist nur ein Weib – in meiner sexuellen Leere

Du hast mich nie wirklich interressiert

Ich hab das alles nur egozentrisch arrangiert

Mein Charme ist gespielt

Die Galanterie nur Schall und Rauch

Ich wollte dich verführen

Das klappte ja dann auch

Die Worte gelogen

Du bist irritiert

Die Lust ist verflogen

Nichts mehr errigiert

So hör doch endlich auf zu reden

Ich wollte nur sexuell etwas erleben

TRIEBTÄTER

Der Männer Trieb – so stark und wild
erschuf die Schönheit und das Frauenbild

Das war die größte Täuschung aller Zeiten
Sie wird ihn immer und auf ewig noch begleiten

Solang er das nicht wirklich rafft
wird die Frau – weiß Gott – nicht abgeschafft !

VÖGELN

Wir Männer müssen wie die Vögel

den Frauen ein attraktives Nest bereiten,

in dem sie sich geborgen fühlen.

GESPRÄCHE

Frauen müssen ständig reden

das ist für sie der Garten Eden

Doch wir Männer reden nicht !

Wo bleibt denn da das Gleichgewicht ?

Und egal wie sehr sie auch noch so keifen

Es wird sie doch kein Mann – jemals begreifen

L I E B E

Jeder meint sie zu verstehen
doch keiner will den Weg letztendlich gehen

Wenn man sie spürt – so tief und groß
fühlt man sich oft nur nackt und obdachlos

SEHNSUCHT

Jeder weiß sie macht abhängig

verzehrt das Tiefste und das ständig

Schmerzt aus allen Poren

Als hätte Gott uns auserkoren –

auf ewig schwer zu leiden

Warum lassen wir das Sehnen –

dann nicht bleiben ?

N Ä H E

Nah sein – ist nie nah genug

Vermeintliche Geborgenheit –

entpuppt sich doch als Trug

Ein Schein von dem Ersehnten

oft geträumt und tief erflehten

Doch das Wort allein – bedeutet Ferne

Ist so kalt und weit – gleich wie die Sterne

Z Ä R T L I C H K E I T

Tief verborgen unter dem blauen Meer

zermalmt vom emotionalen Massenheer

Dort – wo die Dunkelheit den Tag besiegt

Sie fest verankert im modrigen Grunde liegt

Verloren scheint sie – sinnberaubt

niemand mehr – der an sie glaubt

Nur manchmal noch – ein zartes Licht

die Schwärze bis ganz oben fast durchbricht

Dort kurz verweilt und leise blinkt

bis es dann gefühlsentleert und stumpf –

wieder zu Boden sinkt...

GÄRTEN DER LIEBE

Da standen sie nun –

jeder an seinem Gartenzaun

Die Türen weit geöffnet

doch keiner – wagte einen Schritt zu tun

LIEBSCHAFT

Der Verstand erschafft Angst.
Das Herz erschafft Liebe...

WIR – KUNGSLOS

Du willst DEINEN Weg gehen und MICH dabei haben ?
Wo ist das wir ?

VERBRAUCHT

Du brauchst Zeit

Du brauchst Verständnis

Du brauchst Geborgenheit

Du brauchst Respekt

Du brauchst Liebe

Bin ich ein Gebrauchtwarenladen ?

HINGEBUNGSVOLL

Ich wollte dir Liebe geben –
und gab NUR Erwartungen.

TROCKENBLUME

Einst pflanzte die Liebe eine Blume für uns –
doch die Selbstverständlichkeit ließ sie vertrocknen.

OPTISCHE TÄUSCHUNG

Ich sehe dein Herz

Wozu ?

Ich sehe deine Angst

Wozu ?

Ich sehe deine Liebe

Wozu ?

Ich sehe deine Seele

Wozu ?

Ich sehe deine Göttlichkeit

Wozu ?

Du – willst blind sein !

L A N G E H E R

Du bekommst Respekt
Ist schon lange hier

Du bekommst Verständnis
Ist schon lange hier

Du bekommst Liebe
Ist schon lange hier

Du bekommst Freiheit
Ist schon lange hier

Du darfst sein
Ist schon lange her

FRÜHLING

Wenn das Licht der Hoffnung die Seele neu erwärmt

Der Tau der Träume sich im Nichts verliert

Das Eis der Angst in tausend Stücke bricht

Dann kehrt der Frühling in das Herz zurrück

AB-FALL

Laß dich fallen

Laß mich fallen

Laß uns zusammenfallen

Wer fällt – wer fängt ?

Im Fallen verliere ich meine Kleider

Nackt und ängstlich falle ich in deine Seele

REICHTUM

Geliebter – reich mir deine Hände

Geliebte – reich mir deine Hände

Die Forderung war es –

    ... die es nicht reichen ließ.

ZAUBER HAFTET

Kennst du den Zauber – dort sich zu berühren

Wo keine Hand mehr greifen kann

Keine Weltendinge mehr das ICH entführen

Und kein Wort mehr – schlägt dich in seinen Bann

Kennst du den Zauber – ohne Mauern sich zu fühlen

Wenn Vertrauen das ganze Dasein grenzenlos erfüllt

Keine Erinnerungen mehr deinen wachen Geist zerwühlen

Und kein Sehnen mehr das Selbst verhüllt

Kennst du den Zauber – dort sich klar zu sehen

Wo ein kurzer Augen – Blick die ganze Seele liebevoll erkennt

Keine Kinderängste die Gefühle mehr verzerren

Und das Hoffen sich im Nichts verrennt

Kennst du den Zauber.....

BESINNUNG

Ich umarme den kräftigen Stamm der Eiche

Sie steht schon lange an diesem Ort

Ich vermisse meine Wurzeln

Die Blätter der Birke

Sie glitzern in der Frühlingssonne

Ich stimme in ihr Lachen ein

Ein gefällter Baum liegt am Wegesrand

Ein frischer Trieb wächst durch die Rinde

Ich schöpfe neuen Mut

Mit sanften Flügelschlägen

berühren die Krähen meine Sinne

in der stillen Abenddämmerung

Ich sitze im Gras

Der Habicht zieht seine Kreise

Ich geniesse den Geschmack des Sommerwindes

Die Sonne tiefrot im Ozean versinkt

Der volle Mond dem Meer entsteigt

Die Palmen werfen blaue Schatten in den Sand

Das Schilf wiegt sich im lauen Sommerwind

Gleich dir –

in der vergangenen Liebesnacht

Die Sonne streichelt meine Haut

Mein Herz lacht

Ich denke an dich

Das Blatt der Rosenblüte

Ich berühre deine Haut

im sanften Mondlicht

Keine Wolke am Nachthimmel

Ich schaue ins Universum

Die Grille zirpt im Gras

Liegst du unter mir

Dein zauberhaftes Gesicht in meinen Händen

Dann umschliesst mich die Wärme der Abendsonne

LETZTE
AUSFAHRT

INZUCHT

Das Denken denkt – die Meinung meint

Und beide tun es stets – geschwisterlich vereint

Erfüllen die Existenz ganz bis zum Rand

Und nennen es selbstherrlich –

dann auch noch Verstand

STEIN DES LEBENS

Stein des Lebens – wie schwer er doch auf meinen Schultern liegt

Sein Gewicht – mich oftmals tief nach unten zieht

Ihn abzulegen ist mein innigster Versuch

Doch sein Gewicht ist nur ein Bild – das ich erschuf

EINSAMKEIT

Einsam ist es – das Gefühl sehr alt
Durchdringt die Seele – macht nirgends halt

Der Schmerz – kaum zu ertragen
verlangt seit langem schon zu schrein

Doch die Wände – über alles ragen
ersticken – was am Leben noch will sein

Wo ist die Tür – das helle Licht
Misstrauen ist – was dich zerbricht

GEMEINSAMKEIT

Meine Welt

Deine Welt

Unser Krieg

VERLUST

Die Angst war stärker

und zerriß das Band

So das keiner mehr sein Endstück fand.

HEIMAT

Wieder – war ich fort

Weg von mir – zu weit bei deinem Ort

Hab vergessen wo ich zu Hause bin

Bis das Heimweh kam und ich gegangen bin

STOLZIEREN

Oh Stolz

Du mein Schild –
Schützt das kleine Kind vor der Verletzung

Oh Stolz

Du mein Schild –
Schützt die Seele vor der Wandlung

Oh Stolz

Du mein Schild –
Schützt mich vor der Liebe

GEBORGENHEIT

Was will ich mir borgen und woher ?

MAUER DER UNSICHTBARKEIT

Die Menschen wollen sich nicht zeigen

Die Nacktheit ist ihnen fremd

Alles mußten sie verbergen

Und das bereits als Kind

Nur durch dunkle Höhlengänge

wagen sie zu kriechen –

und werden dadurch völlig blind

BERÜHRUNGSÄNGSTE

Man fühlt ganz tief und kann nicht sprechen

Schmerzen einem den Mund zuschnüren

Und trotzdem – alles möchte sich erbrechen

um sich selbst und den anderen endlich zu berühren

INAKZEPTANZ

Das Kind schreit nach der Mutter

Das Zuhause ist ein kalter Ort

Die Ignoranz war meist das Futter

Doch die Mama ist schon lange fort.

VERKLEINERN

Ich verlange !

Fresse !

Ich will !

Halts Maul !

Ich möchte !

Schnauze !

Ich wünsche

Wen interessierts !

Ich träume

Na und !

Ich bin

Nichts !

ANNAHME

Du nimmst dir was du brauchst.

Du nimmst dir was du willst.

Du nimmst dir was du glaubst.

Du nimmst dir was dir paßt.

Du nimmst dir – was dir genommen wurde.

Nimmst du an.

MISSTRAUEN – VERTRAUEN

Trautes Heim

EIN LEBENSLAUF

Gebährt – doch nie geboren

Genährt – doch stets gefroren

Gelehrt – doch selbst betrogen

Verzehrt – und dann gestorben.

SCHWACHSINN

Ist der Sinn der Schwachen

GALEERENFAHRT

Tief im Bauch des Schiffes kauern sie

Die sich Selbst – Vergessenen Sklaven

Allein für sich mit Fragmenten der Erinnerung

an den einstigen heimatlichen Hafen

Gefesselt an die Gedankenkette

der gesellschaftlichen Unmöglichkeit

Rudern sie Tag aus Tag ein

Gegen die eigene Verlorenheit

Ohne zu wissen wohin – ohne zu wissen wie weit

Folgen sie aphatisch dem Trommelschlag

des mächtigen Geistes namens Zeit

Die Hoffnung auf das Land des Glücks ist ihr oberstes Gebot

Doch ihr Kapitän ist und war es immer schon –

Einzig und allein der Tod.

HABSELIGKEITEN

Recht haben

Lieb haben

Angst haben

Geduld haben

Schwein haben

Keine Ahnung haben

Und – wollen sie noch was haben ?

LASTERHAFT

Ein Laster hat jeder !

Wieso – wer belastet sich denn gerne ?

NUR
DAS
ICH

braucht

hat

will

kann

möchte

verlangt

erwartet

fordert

verletzt

tötet

weiß

Nichts !

BEZIEHUNGEN

Er – bezieht sie

Sie – bezieht ihn

Schon ist der Zwischen – Raum dahin.

FESTHALTEN

Du hältst mich fest

Ich halte dich fest ...

... und keiner kann sich mehr bewegen.

WARTEN

Ich warte

Du wartest

Er / Sie / Es wartet

Wir warten

Ihr wartet

Sie warten

Alle erwarten

EINRICHTUNG

Jeder rückt sich selbst zurecht.

Mal mehr hierhin

Mal mehr dorthin

So sind wir alle

halt ver – rückt.

HANDELN SIE

Ich tue nichts

Ich tue überhaupt nichts

Tun sie etwas dafür

Tun sie auch nichts

Sie können eh nichts tun !

Zulassen.

Lassen sie es zu.

NICHT ÖFFNEN!

WUNDBRAND

Sie sind verwundert ?

Das ist doch wunderbar !

Aber auch etwas verwunderlich.

Und dennoch ein Wunder.

Ich weiss – sie sind auch schon ganz wund.

Wundervoll !

GRADWANDERUNG

Was will ich fühlen – Was fühle ich ?

Welch ein Unterschied !

DIE WELT IST DAS

was sie nicht scheint...

ZARTE BANDE

Hab keine Angst

Nimm meine Hand

Ich zeige dir –

Wo du eigentlich immer schon gewesen bist.

BLICK INS UNIVERSUM

In winterklaren Nächten – wenn kein Dunst den Blick verklärt

Betrachte ich das Licht der Sterne

und sich mir jedesmal die Frage stellt

Schaut dort irgendwo in weiter Ferne

auch ein Wesen in den Raum

Und fragt sich vielleicht genau dasselbe

wenn auch nur in seinem Traum

ZÜGE DES LEBENS

Ständig fahren sie hin und her

zwischen Glück und Schmerz liegt ihr Verkehr

Tausendmal schon wollt ich halten

weg von diesen düsteren Gestalten

Einmal nur wollt ich verstehen

was ich im Herzen schon sooft gesehen

Doch sie fahren ewig lang

bis ich letztendlich – vom Zug dann sprang

INSEKTIZID

Die Fliege am Fenster – verzweifelt hin und hersummend

Sieht nur den Himmel – nicht die Scheibe.

SPIEGELVERKEHRT

Ich spiegel mich in dir

Du spiegelst dich in mir

Verkehrte Spiegel

die jeweils vor dem anderen hängen

VERMISST

Ich vermisse dich.

Wer wird denn vermißt ?

Mir fehlt nichts !

Ich bin doch schon ganz.

Und du ?

KONTAKT
ANZEIGE

Zeige dich mir

Zeige mich mir

Zeige dich dir

Zeigen wir es uns !

MITTEILEN

Teile dein Sein MIT mir

ERDULDET

Geduld zu haben – erfordert Geduld

DER KRIEGER

Sinnend steht er dort auf jenem Hügel –

Den mächtigen Körper müde stützend

auf des Schwertes Knauf

In vielen Schlachten war er stets der Sieger

Die tödliche Klinge trank das Seelenblut zu Hauf

Die Wahrheit war des Kämpfers Banner

für das er jeden Schmerz ertrug

Doch er ist des Tötens müde

So vergebens erscheint ihm jeder Sieg –

jede Seele die er erschlug

Sein Blick ist starr gerichtet auf den Horizont

sucht nach dem Ursprung seiner Qual

Bis er dann das Schwert weit von sich wirft

und lächelt – seit langer Zeit das erste Mal

VORBEI

Es ist vor und war bei mir

oder

War es vor und ist bei mir ?

NEUBAU

Der Hammer der Schmerzen

hat Risse in die Mauern der Uneinsichtigkeit geschlagen.

Die alte Starrheit ist brüchig geworden

und kann nun Stein für Stein abgetragen werden.

SCHÖPFER

Das schaffe ich nicht !

Du brauchst auch nichts erschaffen.

Es ist schon längst alles da !

GLAUBENSBEKENNTNIS

An das Gute im Menschen zu glauben
und darauf zu vertrauen

Erlößt uns von der Einsamkeit des Ich – Seins
und führt zu der Geborgenheit des Mensch – Seins

A L L E I N

A L L · E I N

E I N A L L

LÖSUNG

Es gibt nicht einen Erlöser

– sondern viele

Jeder lößt sich auf seine Art

ALLTAG

EINTAGIMALL

EINTAGINALLEM

RELIGION

Der Teufel ist – zu glauben – zu müssen !

Oh Gott – SO frei ist der Raum ?

ESSENZ

Erlangen ist aktiv.

Verlangen ist passiv.

ERKENNTNIS

Wenn Gut und Böse zum selben Schein sich wandeln
Und keine Meinung sie mehr spaltet

Das Ego – von selbst vergißt zu handeln
und auch die Ruhe zur leeren Hülle altert

Dann – ist auch das Sein nur noch ein Wort

WANDERER ZWISCHEN DEN WELTEN

Milliarden Welten habe ich schon durchwandert

Ganze Galaxien hab ich zerfallen und entstehen seh´n

– Endlos in der Zeit

Den Sternenstaub – Urmaterie der Formen

ließ ich sanft durch meine Seele zieh´n

– Endlos in der Zeit

Durchschritt all die schwarzen Löcher

Sah den Ursprung allen Seins

Als formenloser Wanderer

– Endlos in der Zeit

LEBENSFORM

WIEDER – Geboren in den Raum der Zeit

Das ICH hat freie Wahl

Die menschliche Form die einzige VOR – Bestimmung

Und das HIER – Sein die einzige Definition von Leben

SO – formt das Leben immer nur sich selbst

Ich danke allen, die mich in dieser Welt begleiten und begleitet haben. Dank auch an das Universum für unser gleichzeitiges
Da – Sein.

In Liebe
Oliver B.